Bébés phoques

Les éditions de la courte échelle inc.
5243, boul. Saint-Laurent
Montréal (Québec) H2T 1S4
www.courteechelle.com

Conception graphique :
Elastik

Traduction :
Sébastien Hart

Révision :
Sophie Sainte-Marie

Révision scientifique :
Marie-Claude Ouellet, biologiste

Mise en pages :
Sara Dagenais

Dépôt légal, 1er trimestre 2007
Bibliothèque nationale du Québec

Édition originale : *Baby Seal*, publiée par Fitzhenry & Whiteside Limited,
Markham, Ontario, Canada

La courte échelle reconnaît l'aide financière du gouvernement du Canada par l'entremise du Programme d'aide au développement de l'industrie de l'édition pour ses activités d'édition. La courte échelle est aussi inscrite au programme de subvention globale du Conseil des Arts du Canada et reçoit l'appui du gouvernement du Québec par l'intermédiaire de la SODEC.

La courte échelle bénéficie également du Programme de crédit d'impôt pour l'édition de livres — Gestion SODEC — du gouvernement du Québec.

Catalogage avant publication de Bibliothèque et Archives Canada

Lang, Aubrey

Bébés phoques
(Collection Albums)

Traduction de : *Baby seal*

ISBN 978-2-89021-898-7

1. Jeunes phoques - Ouvrages pour la jeunesse. I. Lynch, Wayne. II. Titre.

QL737.P64L3414 2007 j599.79'139 C2006-941416-5

Imprimé en Malaisie

Bébés phoques

Aubrey Lang
Wayne Lynch

la courte échelle

L'hiver est presque terminé sur la banquise du nord du Canada, territoire des phoques du Groenland, au pelage noir et argenté. Depuis plusieurs mois, les femelles engloutissent de grandes quantités de poissons et de crevettes. Elles ont besoin d'accumuler beaucoup de graisse parce qu'elles donneront bientôt naissance à leurs petits.

L'océan gelé est couvert de neige. Les femelles nagent sous la glace, à la recherche de fissures et de trous par où elles pourront se hisser hors de l'eau.
C'est un endroit froid et venteux pour élever un bébé. Mais cette pouponnière glacée a l'avantage d'être éloignée de la terre ferme, et les phoques y sont à l'abri des loups et des renards affamés. Là, ils sont aussi protégés des ours polaires, qui chassent généralement plus au nord.

Les femelles se réunissent par milliers sur les glaces pour y élever leurs petits. Les mâles, quant à eux, ne participent pas à cette activité. La naissance d'un phoque du Groenland se déroule très rapidement. En moins d'une minute, tout est terminé. Aussitôt le nouveau-né sorti, la mère tourne autour de lui et le renifle. La femelle doit absolument mémoriser l'odeur et les sons émis par son petit. C'est ainsi qu'elle pourra plus tard le reconnaître parmi la foule de bébés qui attendent d'être allaités par leur mère.

Les phoques ont rarement plus d'un bébé à la fois. Même si la mère accumule beaucoup de graisse, elle ne produit pas suffisamment de lait pour nourrir deux petits.

À la naissance, la fourrure des jeunes phoques est jaune clair. Elle a été tachée dans le ventre de leur mère. Mais après trois ou quatre jours, la fourrure devient blanche sous l'effet du soleil. On appelle alors le bébé « blanchon ».

Les femelles sont très attentionnées. Les deux premiers jours suivant la naissance, la mère et son bébé ne se quittent jamais. Si un voisin ose s'approcher, la mère se lamente bruyamment. Pour lui faire peur, elle lève la tête, agite ses moustaches et pousse des grognements. Si l'intrus refuse de s'éloigner, elle le pourchasse rageusement sur la glace, à la manière d'une chenille ultra-rapide.

Toutes les trois ou quatre heures, le bébé phoque a faim et se met à crier comme un nourrisson : « Maa… maa… maa ! » La mère se tourne alors sur le flanc pour laisser son petit téter les deux mamelles qu'elle a sur le ventre. Le lait maternel est très gras et il a la consistance de la crème à fouetter. Grâce à ce régime, le bébé se développe rapidement.

Quand il naît, le phoque du Groenland est très maigre. Mais après une semaine, grâce à l'allaitement, son poids a doublé. Le bébé est gonflé comme un ballon. Il a l'allure d'un boudin poilu sur lequel on aurait posé un nez et des moustaches !
Maintenant, quand le phoque grassouillet a soif, il mange de la neige.

Lorsqu'il n'est pas en train de se nourrir, le jeune phoque dort. Souvent, il s'installe dans un coin moins venteux et moins froid, derrière un amas de glace ou un monticule de neige. Il dort parfois au même endroit, jour après jour. La chaleur de son corps fait alors fondre la glace, qui prend la forme d'un berceau.

Cette jeune femelle ressent l'appel de l'aventure. Elle est maintenant assez forte pour utiliser les griffes de ses nageoires avant pour se trémousser et ramper sur la glace ou sur la neige légère. Mais, souvent, la banquise se fend et se disloque en larges plaques. Une bourrasque de vent peut pousser deux plaques l'une contre l'autre et former un mur d'éclats de glace, beaucoup trop haut et dangereux à traverser pour un bébé phoque.

Plusieurs mères élèvent leurs petits en groupe, sur une même plaque de glace. Curieux, les jeunes phoques se rapprochent et peuvent parfois dormir ensemble. Par contre, ils ne jouent jamais…
Certains bébés sont grincheux et répondent à la visite amicale d'un voisin en aboyant. Il leur arrive même d'accueillir le visiteur en lui donnant une gifle avec leur nageoire poilue !

Cette nuit, il y a une tempête. Le vent souffle en rafales, la neige s'accumule et la banquise craque. Au petit matin, quand le blizzard cesse, les bébés phoques sont couverts de neige. Grâce à son épaisse couche de graisse, cette jeune femelle a pu demeurer au chaud durant la nuit. Mais, à présent, elle a faim et elle appelle sa mère.

La petite ne se doute pas que sa mère l'a quittée à tout jamais. Elle a maintenant douze jours, et c'est à cet âge que la plupart des phoques du Groenland doivent se débrouiller seuls. La jeune femelle abandonnée lance sans arrêt son cri de détresse, pendant qu'elle cherche sa maman jusqu'aux limites de la banquise.
La glace est fragile. Soudain, elle cède, et la petite se retrouve dans l'eau glaciale de l'Arctique.

La femelle est si ronde qu'elle flotte comme du liège. À l'aide de ses griffes acérées, elle n'a aucune difficulté à s'extraire de l'eau. Le moment n'est pas encore venu pour elle de s'éloigner à la nage.
Elle restera sur la banquise trois semaines de plus, puisant son énergie dans ses réserves de gras. Pendant ce temps, elle muera et perdra sa fourrure blanche de bébé.

Comme tous les phoques du Groenland, la jeune femelle a d'immenses yeux. Ils lui permettront de repérer ses proies lorsqu'elle chassera dans les eaux sombres et profondes.

Elle a également de longues moustaches très utiles pour attraper de la nourriture. Ainsi, même s'il fait trop noir pour qu'elle puisse voir quoi que ce soit, ses moustaches sensibles percevront le mouvement de l'eau quand passera un poisson. Bientôt, la jeune femelle sera prête à vivre dans l'océan.

Le savais-tu?

- Il existe dix-neuf espèces de phoques dans le monde. La plupart d'entre elles vivent dans les eaux froides et riches en nourriture de l'Arctique et de l'Antarctique.

- Les phoques ont beaucoup de similitudes avec les morses et les otaries. Ces mammifères marins appartiennent tous à l'ordre des pinnipèdes, mot qui signifie «pieds en forme de nageoires».

- Les phoques adultes s'accouplent au mois de mars, peu après que les femelles ont abandonné leurs petits. Cependant, les nouveaux bébés ne se développeront pas à l'intérieur du ventre des femelles avant le début de l'été. Ce délai de trois ou quatre mois est fréquent chez beaucoup d'espèces de phoques et d'otaries.

- La femelle ne se nourrit pas durant les douze jours où elle allaite son petit. Pendant cette période, elle peut perdre trois kilos de graisse par jour, et jusqu'au quart de son poids total. Tandis que la mère maigrit, le bébé grossit de deux kilos par jour. Il ne faudra que deux semaines au petit pour tripler son poids, le portant de dix kilos à trente-quatre kilos.

- Chez les phoques du Groenland, les femelles mettent bas presque simultanément. Sur un même territoire, 95 % des mères donneront naissance à leur petit sur une période de dix jours, autour de la première semaine de mars.

- Un phoque adulte peut plonger jusqu'à une profondeur d'environ deux cent soixante-quinze mètres et demeurer sous l'eau pendant plus de quinze minutes.

- Les petits poissons qui se déplacent en banc, comme le capelan et la morue arctique, constituent la nourriture préférée des phoques du Groenland.

- Pour permettre à leur vieille fourrure de muer, les phoques doivent la réchauffer en s'allongeant sur la glace sous les rayons du soleil printanier. C'est le seul moment où les biologistes peuvent faire le décompte des individus de l'espèce.